El Desafío de Ser Padres

Manual

Lidia Zapico
Tatiana Figueroa
Monica Olmos

Nuestra Visión

A lcanzar las naciones llevando la autenticidad de la revelación de la Palabra de Dios, para incrementar la fe y el conocimiento de todos aquellos que lo anhelan fervientemente; esto, por medio de libros y materiales de audio y video.

ISBN: 1- 59900-130-6
Primera edición 2019

Portada diseñada por: JVH Design - Esteban Zapico

Citas bíblicas tomadas de la Santa Biblia, Revisión 1960
©Sociedades Bíblicas Unidas

Categoría: Crecimiento espiritual

Publicado por: JVH Publications
Printed in USA

Índice

Lección #1
ENTENDIENDO LAS GENERACIONES

– Lucas 2:52 –
"Y Jesús crecía en sabiduría y estatura y en gracia para con Dios y con los hombres"

La familia es la institución más atacada en estos últimos tiempos. Por la sociedad, los gobiernos y las leyes; porque es la base de la sociedad que Dios creo como fundamento y estructura para la humanidad.

Vale la pena pelear con todos los recursos que Dios ponga en nuestras manos, para que nuestra familia y nuestros hijos estén sostenidos en la roca que es Cristo. Si la familia está sana, la Iglesia esta fuerte.

Nosotros los padres, somos la influencia más grande en el desarrollo de la fe de nuestros hijos. No podemos dejar que la sociedad, y las tendencias de los últimos tiempos marquen y delineen sus vidas.

– Nehemías 4: 13-14. 20 –
"Entonces por las partes bajas del lugar, detrás del muro, y en los sitios abiertos, puse al pueblo por familias, con sus espadas, con sus lanzas, y con sus arcos…Después mire, y me levante, y dije a los nobles y a los oficiales, y al resto del pueblo: no temáis delante de ellos, acordaos del Señor, grande y temible, y pelead por vuestros hermanos, por vuestros hijos, por vuestras casas"

En esta historia vemos que ¡las familias cuidan! Esto es muy importante. Muchas veces las defensas de las familias están muy por debajo, unas en tierra y otras en grietas porque los padres han descuidado su labor más importante que es la de **velar y cuidar**… si esto está pasando, tienes que levantar los muros de tu hogar en oración y cuidar lo que Dios te dio: que son ¡tus hijos! Si Dios permitió que vivieras en esta época tan convulsionada, es porque Él sabría que tú si lo pondrías hacer. Dios te manda la ayuda y la unción del Espíritu Santo; y te enseña a resistir los ataques que van contra tu familia para enseñar a tus hijos a pasar por encima de los obstáculos.

Necesitamos levantarnos y mirar si hay grietas en la crianza de nuestros hijos; volver a construir lo que se derribó y edificar lo que sea necesario.

– Jueces 13:8 –
"Oró Manoa al Señor, y dijo: «Ah, Señor mío, yo te ruego… que nos enseñes lo que hayamos de hacer con el niño que ha de nacer».

Un padre cristiano busca la voluntad de Dios en todo, y sabe que Dios es el único que podrá darle el diseño y la estrategia específica, para educar a sus hijos con base a los propósitos divinos. El problema es que esa labor que Dios se la delego a cada padre, hoy está siendo asumida -en muchos casos-, por la escuela, el internet, o en muchos casos los líderes de tus hijos. Ese trabajo no es del maestro, ni del pastor, es responsabilidad de cada uno como padres.

Entiendo Esta Generación

En este momento se habla de un abismo que ha creado la tecnología en cuanto a la comunicación de padres e hijos. Algo que no existió en las generaciones pasadas.

De unas décadas para acá los estudiosos del comportamiento humano, han dividido a las personas que viven en un mismo periodo de tiempo, en segmentos generacionales de acuerdo a su edad.

Los que investigan estos tipos de tendencias y comportamientos humanos han seleccionado siete generaciones humanas desde el siglo pasado y las clasifican por periodos de 20 años.

1. **Generación Interbellum** (1900 – 1914)
2. **Generación Grandiosa** (1915 – 1925)
3. **Generación Silenciosa o los niños de la pos guerra** (1926 – 1945)
4. **Baby Boomers** (1946 – 1960)
5. **Generación X** (1961 – 1981)
6. **Generación Y o Millenials** (1982 – 2001)
7. **Generación Z** (2001 a la fecha)

Entiendo Nuestros Niños Y Jóvenes De Hoy

Para esta generación usan los términos generación "Y" o los millenials, o la generación del siglo XXI, a la que llaman "Z".

La generación "Y" o los Millennials son los que van de los 18 hasta los 32 años; es la generación que más le ha tocado enfrentar el declive moral en todos sus aspectos. Ellos empezaron a vivir con conceptos que antes no existían, como la ideología de género, los matrimonios "igualitarios", y la disolución del concepto de familia tradicional, por la cantidad alarmante de divorcios de las últimas décadas.

Los Millennials crecieron con los inicios de la digitalización y su acceso al mercado laboral estuvo marcado por la crisis económica del 2007; por eso muchos de ellos arrancaron tarde a trabajar. Muchos de estos jóvenes aún viven con sus padres, pues no han podido estabilizarse económicamente.
Dentro de este grupo, hay una sub categoría a la que han denominado los 'ninis'; son aquellos hijos, que *"ni estudian ni trabajan"*, y la razón -en algunos casos-, es porque aún después de graduarse, no encontraron oportunidades laborales producto de la recesión global. Esta es una generación que lamentablemente ha sido estigmatizada como perezosa, individualista, frustrada, que no tiene metas largas, y no ambicionan el éxito laboral.

Quienes estudian estas tendencias, dicen que los Millennials les gusta mucho la tecnología, son emprendedores, y pueden hacer varias cosas al mismo tiempo. Las mujeres prefieren estar solas a estar casadas, y si se casan prefieren no tener hijos.

Esta generación es muy visual, compra la mayoría de las cosas por internet, no pueden imaginarse la vida sin un celular pues dependen de ellos hasta para organizar sus agendas.

La Generación "Z" (no son mayores de 17 años) es la primera del siglo XXI; es considerada una generación que casi no habla, le llaman "la generación silenciosa", posmilenial o centenial. Los que han estudiado estas tendencias dicen que ellos son así porque nacieron en medio de muchos conflictos mundiales como los ataques terroristas y las crisis económicas mundiales.
Estos chicos nacieron en la época de la tecnología y su vida gira en torno a ella; pueden pasar entre 6 y 10 horas conectados a internet y por eso es difícil para padres, líderes y maestros captar su atención. Para ellos el mundo está en las redes sociales, y si queremos que se enfoquen en algo,

debemos hacerlo de manera rápida y directa: en menos de 8 segundos.

Enfoque Corto:

Una de las grandes debilidades de esta generación es la capacidad de conservar la atención pues están acostumbrados a la inmediatez, a descargar todo por internet y a mantener varias conversaciones al mismo tiempo por el teléfono.

Esta es una generación que según los estudiosos del tema, es más activa que los *milennials* y más creativa. Dicen que aprenden más rápido y son autodidactas; quieren ser dueños de sus propias empresas y vivir de sus hobbies o de lo que les gusta hacer y no quieren trabajos que les impliquen pasar largas horas en un mismo lugar. Como nacieron en la época de la crisis económica, no esperan ser contratados por ninguna empresa; ellos mismos quieren generar sus propias fuentes de ingreso; por eso quienes estudian estos segmentos generacionales, dicen que son más emprendedores y creativos que sus antecesores los millennials. Les gusta viajar, estudiar on line; y YouTube les ayuda hacer sus tareas.

Esta generación está catalogada como más irreverente y autosuficiente que las anteriores, porque desconfían del sistema de educación tradicional, al ser más rápidos que sus maestros en conseguir información. Esta es una generación globalista, que según los estudiosos del tema, no piensa en compromisos a largo plazo, por eso no ven necesario comprar propiedades, casarse o formar familias.

Esta una generación que se ofende por todo, y pelea por su privacidad, por eso usan aplicaciones en sus teléfonos móviles para tener estos tipos de restricciones. Pueden tener relaciones amorosas por redes sociales y así como las tienen las terminan desapareciendo de ellas, o bloqueando los "indeseados" para no volver a contactarse. Usan redes sociales como snapchat, Instagram, y permanecen largas horas en YouTube.

Padres Cristianos: Estemos Alertas!

Los tiempos están cambiando aceleradamente y necesitamos tener discernimiento de los tiempos, para estar anticipados a los cambios y saber cómo criar a nuestros hijos en una sociedad tan cambiante y tecnológica como la actual.

– Proverbios 22:6 –

"Instruye al niño en su camino, y aun cuando fuere viejo no se apartará de él".

En manos de esta generación está el futuro de la humanidad, y nuestros hijos criados en el evangelio tendrán la gran responsabilidad -no solo de no dejarse influenciar por estos cambios- sino de ser luz en medio de tantas tinieblas y oscuridad.

– Filipenses 2:15-16 –

para que seáis irreprensibles y sencillos, hijos de Dios sin mancha en medio de una generación maligna y perversa, en medio de la cual resplandecéis como luminares en el mundo".

Necesitamos la sabiduría de Dios para guiarlos y que ellos sean la luz de Cristo, marcando la diferencia en una sociedad ambigua, etérea, cambiante, que no se compromete a nada, y que puede ser engañada sutilmente por un mundo paralelo virtual.

Jesús dijo… "¿a qué comparare esta generación?"

– Mateo 11:16 –

"16Mas ¿a qué compararé esta generación? Es semejante a los muchachos que se sientan en las plazas, y dan voces a sus compañeros, 17diciendo: Os tocamos flauta, y no bailasteis; os endechamos, y no lamentasteis".

Que podemos ver en este texto? El Señor Jesús compara esta generación con unos muchachos en una plaza… ellos llamaron a sus amigos a que se alegraran y danzaran con ellos mientras tocaban la flauta y no lo hicieron, pero tampoco se lamentaron cuando tocaron la misma flauta (ya que este instrumento se usaba también en los entierros).

Los muchachos no hicieron ni una cosa, ni la otra; y nada parecía surtir efecto en ellos. Esta generación a la que se refiere Jesús era "cambiante de mente y de doble ánimo", pues un día pensaba una cosa y al día siguiente en otra. Él está hablando de una "generación indiferente" indiferente a qué? A su llamado, a buscar a Dios en su presencia, a interceder por los temas que están en el corazón de Dios, al compromiso, a servir a Dios, a

9

entender para que fueron llamados y escogidos; a que tengan revelación de los tiempos y no sean como es el mundo.

Esta generación no puede ser indiferente. El diccionario de la real academia de la lengua define "INDIFERENTE" como: *"Que no despierta interés o afecto; persona no creyente".*

Padres: ¡Debemos levantar una generación diferente!

– 1 Samuel 2: 26 –
"Y el joven Samuel iba creciendo, y era acepto delante de Dios y delante de los hombres.

Nuestros hijos están llamados a ser una generación como la de Samuel que oye a Dios y vive en su presencia. Nuestros hijos deben conocer la Palabra para que se puedan defender en momentos de crisis!

– 3 Juan 1:4 –
"No tengo yo mayor gozo que este, el oír que mis hijos andan en la verdad".

NOTAS

NOTAS

Lección #2
HABLANDO CON UNA GENERACIÓN
LLAMADA: "SILENCIOSA"

...Entonces, ¿por dónde empezar? empecemos por comunicarnos mejor. Antes que nada debemos ser padres comprometidos con Dios y que por medio de la oración continua, tengamos los ojos espirituales abiertos a tanto engaño que existe hoy a través de las redes sociales y el mundo en el que nuestros hijos viven. La tecnología ha abierto una brecha generacional muy grande entre padres e hijos y debemos tratar de entender el mundo al que ellos se están enfrentando a diario; no solo en la escuela sino por medio de sus amigos en cualquier ambiente en el que ellos se enfrenten.

¡Padres e Hijos Necesitan Hablar!

Hace poco se realizó una investigación a nivel mundial y la queja de los niños y jóvenes en diferentes puntos del planeta fue la misma: *"Mi papá no me entiende!"*. Esta brecha generacional de la que tanto se ha hablado, ha creado un abismo comunicacional entre padres e hijos. Los chicos plantearon las siguientes quejas que vale la pena escuchar:

- Las únicas ocasiones en que mi papá habla conmigo es cuando hago algo malo.
- Cada vez que le pido que me explique el porqué de las cosas, me dice: *"Solo hazlo porque yo lo digo"*.
- Nunca puedo hablar con ellos porque siempre están ocupados o trabajando desde casa con sus teléfonos.
- La única forma de hablar con mi mamá es cuando está cocinando o con papá cuando ve las noticias.
- Mis padres subestiman mis opiniones. Quiero que me dejen hablar.
- Los padres están en su propio mundo y solo existen para decir: NO!
- Si no me va bien en la escuela, obviamente estaré frustrado. Tenme paciencia y no coloques más presión sobre mí.

Como esta generación ha crecido en un tiempo de *"consenso y tolerancia"*; muchos no entienden el por qué sus padres constantemente les dicen NO, a todo lo que ellos les plantean, sin obtener ningún tipo de explicación de vuelta. Tus hijos van a querer escuchar una respuesta a las preguntas que no entienden; y si tú no se las das; la encontrarán en los lugares equivocados.

¡Quiero Ver a Jesús Reflejado en Mi Padre!

Esta fue una de las respuestas de un chico cristiano que se quejó cuando se le preguntó porque se estaba alejando de Dios. Él dijo que cuando sus padres lo traían a la Iglesia aprendía una cosa y cuando él llegaba a casa, veía otra. La falta de congruencia entre lo uno y lo otro, hacía que no hubiera podido entender el verdadero significado de una vida cristiana. Atrás quedaron los tiempos de los padres distantes, autoritarios y poco comunicativos; a las de los padres líderes de su hogar, amorosos, comunicativos, y que están envueltos en la educación y en la vida espiritual de sus hijos. Padres que modelan a Cristo en lo que viven y en su manera de actuar. Tus hijos te observan en todo momento, y escuchan cada cosa que tú dices, aunque tú no lo creas.

¿Qué Necesitan los Niños y Jóvenes de Hoy?

En estos tiempos tan peligrosos y engañosos, nuestros hijos necesitan padres involucrados en sus vidas. Padres que los conozcan, los escuchen, y les demuestren interés por sus gustos y hobbies. Este tipo de padres, generaran la confianza necesaria en sus hijos, para que se abra la puerta del diálogo y la comunicación. Padre, ¡habla con tus hijos! Gánate su confianza y su corazón sino el mundo, y sus deseos podrán seducirlos y apartarlos de ti y de los caminos del Señor. Conversa sobre lo que está sucediendo en el mundo, enséñale tú mismo la diferencia entre la verdad y la mentira, el error y el engaño, y dile lo que dice la Palabra de Dios al respecto.

Cómo Comunicarnos Mejor

Mira esta escena... y reflexiona si te sientes identificado: Llegas a casa después de un arduo día de trabajo y ves a tu hijo adolescente chateando por el celular. Cuando le preguntas como esta, o como le fue en la escuela, te contesta con los monosílabos: "bien, si... no". Entonces te frustras porque no te presta atención y te sientes ignorado. A continuación lo regañas, le dices que con él no se puede hablar, y te vas enojado. Fin de la conversación. Luego te preguntas... que estoy haciendo mal? Este es un buen momento para reflexionar...

> Piensa como tú te comunicas con tus amigos... cuando tú hablas con ellos ...¿Lo haces tipo interrogatorio? Es decir... ¿cómo te fue en el trabajo?, ¿comiste en el lunch?, ¿Cómo te está yendo con el nuevo jefe?... ¿No verdad?

Cuando tú hablas con tus amigos, tienes un tema de conversación y así la comunicación va fluyendo. Lo mismo debe pasar con tus hijos. Si tu diálogo con ellos, va hacer solo de los temas que a ti te interesan (pero a no a ellos), entonces no avanzarás demasiado.

La diferencia cuando tú te comunicas con tus amigos es que entablas una comunicación "bi-direccional", es decir: *"yo comparto contigo y tú compartes conmigo"*; yo te cuento como me está yendo a mí y tú me cuentas tus cosas. Entonces se crea un ambiente donde nos interesamos en lo que el otro tiene por compartir y no nos sentimos intimidados.

Muchas veces, los niños no comparten con sus padres, porque no hay comunicación en doble vía, solo información; es decir, yo como padre pregunto y solo espero que mi hijo me responda. ¿No has pensado por ejemplo, que tu comunicación con ellos se basa solo en pedirles información que a ellos nos le interesa en absoluto compartir?

Mejorando la Comunicación en Doble Vía:

Cuando nos comunicamos debe haber un dialogo; la conversación fluye y debe ser de ambos lados. Debes procurar saber:

1.   Que temas le interesan a tus hijos (música, deportes, alguna lectura en especial?)

2.   Busca las horas donde ellos estén más abiertos para hablar contigo. Puede ser antes de irse a dormir, cuando vas en el carro antes de ir a la escuela, etc.

3.   Comparte tus cosas con ellos, cuéntales primeramente acerca de ti, de tu día; de lo que te sucedió en tu trabajo y cómo te

sientes; hasta puedes pedirles su opinión con respecto a lo que le estas contando, para determinar si te están prestando atención y así involucrarlos en tu vida. Si lo haces de esta forma ellos pensarán: ..."*bueno si para mi papá es importante mi opinión, también será importante para él, la mía*".

4.   Comparte una actividad a solas con cada uno de tus hijos en , y eso hará que tengan tiempo para dialogar cuando estén solos.

5.   No juzgues de entrada a sus amigos. Pregúntales acerca de ellos, que hacen, como son y que les gusta hacer. Escucha con calma primero, antes de interrumpirlos. Demuestra interés por lo que les sucede, y pregúntales cuál es su opinión al respecto. Si te dicen por ejemplo: "*en mi escuela todos tienen novia*", pregúntales cuál es su opinión para escuchar lo que ellos piensan, y ahí sí, corrige lo necesario y explícales el por qué no debe repetir lo mismo.

6.   Pregúntales que opinan acerca de los temas de la vida diaria. Los padres estamos acostumbrados a dar consejos y a querer resolverles la vida a nuestros hijos, sin dejarles muchas veces, reflexionar acerca de las cosas que suceden a su alrededor. Escúchalos, eso es importante.

7.   No este a la defensiva, y suavice sus reacciones cuando ellos le estén hablando, para que no se corte la comunicación. Piense primero en los sentimientos del niño más que en los suyos y colóquese en su lugar. Recuerda padre que aquí el adulto eres tú.

8.   Los niños aprenden por imitación y siempre harán lo que vean hacer a sus padres en casa. Ellos harán lo mismo que tú, cuando te enfrentas a una situación difícil, cuando estas estresado, o cuando tienes temor.

Padres Supervisores

Es necesario que los padres se involucren en cada una de las etapas de crecimiento, antes de cerrar la mente a los cambios a los que sus hijos se estarán enfrentando mientras van creciendo. Para poder comunicarte mejor con tu hijo ingresa a su mundo, mira lo que él hace, escucha lo que el habla, conoce a quienes están siguiendo en las redes sociales, supervisa con quienes se están comunicando por teléfono, y sobre todo lo que está viendo en YouTube. Hay muchos depredadores sexuales sueltos, intentando engañar a los niños a la distancia de un click.

¿Conoces a los Amigos de tus Hijos?

Las redes sociales se han convertido en algo casi imprescindible para los jóvenes de esta generación pues les facilita su necesidad de relacionarse con los demás, de sentirse parte de un grupo, de mostrarse, y de expresarse. Pero ese precisamente es el gran peligro.

Entonces, ¿qué podemos hacer...? Lo que los padres debemos hacer en este punto específico es hablar claro con nuestros hijos:

No te Compares con Nadie

Habla con tus hijos claro: *"No te compares a ti mismo con los otros, esa es la primera regla: Instagram o Snapchat no es real"*. Al compararte con los demás, disminuyes tus logros comparándote con otros. No hagas nada que otros te pidan solo por quedar bien, o porque crees que eso es lo que esperan de ti.

Déjales saber a tus hijos que estas plataformas, usan filtros y ediciones de fotos, para verse mucho mejor, así que si tus hijos se comparan con una imagen retocada o con filtro siempre estarán perdiendo. Este es un tiempo de realidad virtual donde las cosas no son como realmente deberían ser en la realidad y el límite es muy delgado. Nunca se sabe quién es real al otro lado de la línea.

No Sigas los Retos Virales en Internet

El otro problema son los retos que se vuelven virales y los jóvenes terminan repitiendo lo que otros hacen sin importar cuando dañino pueda ser para la salud.

- **La ballena azul:** Este reto hacia que los jóvenes se cortaran terminando en suicidio.

- **El Momo:** Este reto consiste en llamar a un numero de watsapp y este momo, te responde preguntas, te da información personal que nadie más parece conocer, y te lleva al suicidio.

- **"In my felling challenge":** este reto consiste en bajarse del carro mientras el mismo esté en marcha.

- **Balconing:** Este reto consiste en lanzarse a una piscina desde el balcón o terraza arriesgando la vida.

- **El Juego de la asfixia:** Consiste en inducir el desmayo, por medio de la asfixia intencionada. Con este reto ellos, quieren conseguir una sensación placentera de euforia.

- **Reto de la canela:** Se trata de tragar una cucharada de canela en polvo sufriendo colapsos pulmonares, irritaciones de garganta, y problemas respiratorios.

- **Están los retos de agresión física, donde se golpean, se tiran puños, o se golpean con sillas plegables.** Los adolescentes recurren a estos retos para ser aceptados, demostrar que son "cool", son valientes, fuertes, etc.

El problema con estos retos, los jóvenes buscan cómo destacar y mantener un estatus, por lo que suelen estar al pendiente de las tendencias que surgen en Internet y en las redes sociales; son estas plataformas, las que han permitido que estos juego se hagan populares y que cada vez más jóvenes deseen practicarlos.

Que causa esto en los jóvenes, aparte de atentar contra su salud, que los casos más graves... El suicidio. Este tema ha disparado las alarmas de salud mundial y es catalogado como una epidemia. El suicidio en adolescentes se ha aumentado de manera significativa; las cifras globales hablan de 1 muerte cada 40 segundos. Y esto puede ser en muchos casos, porque el acceso a Internet y a los efectos nocivos de un niño sin control pasando horas viendo contenido que no entiende y expuesto a entablar contacto con extraños por las redes sociales y aplicaciones, es un motivo de alarma.

Estamos en una era tecnológica, y muchos padres se preguntan si deben vigilar las relaciones sociales que sus hijos hagan, o deben darles por el contrario cierta autonomía. Nuestro consejo como padres es:

a. No es recomendable darle un celular a un niño menor de 13 años, pero si considera que él puede manejarlo, porque es un niño maduro y responsable, es decisión de cada padre.

b. Revise con sus hijos, los niveles de privacidad de los muros de sus redes sociales. Supervise con quien ellos hablan, ENTRE A SU PERFIL, pues de esta forma puede evitarse un gran problema en el futuro.

c. Coloque límites en los horarios que ellos usan la Internet. Si son menores de edad, usted debe tener acceso a todas las claves de sus cuentas y perfiles.

d. Si su hijo está en Facebook o Instagram, hágase una cuenta usted también para supervisar lo que el postea, o las cosas que le gustan. Aprenda acerca de la tecnología, y no se quede atrás.

e. Siéntese con su hijo mientras el navega por la Internet y pregúntele que está viendo.

f. Enséñele a no compartir información personal con nadie que no conozca; prohíbale intercambiar fotos con desconocidos y explíquele el peligro de enviar fotos de sus partes privadas. Tampoco debe hacer comentarios ofensivos que puedan dañar la reputación o herir los sentimientos de otra persona.

g. Recuérdeles a los chicos que sus acciones en Internet tienen consecuencias de por vida y que lo que escribe o sube a una red social ahí quedara aunque él lo borre, la evidencia queda en la nube.

NOTAS

Lección #3
UNA GENERACIÓN PRESIONADA EMOCIONALMENTE

Cómo los Padres y los Hijos Pueden Ser Libres del Estrés

En una sociedad agitada, solitaria y cargada de influencia externa como la nuestra, los niños y jóvenes cada vez más se enfrentan a un mundo egoísta y egocentrista creado solo para la diversión individual alejándolos de las relaciones interpersonales. A medida que ellos atraviesan por cambios y transiciones, la presión social y los problemas que enfrentan a diario, pueden ser abrumadores para muchos de ellos. Aun los niños más pequeños sienten ansiedad y en alguna medida pueden sentirse muy estresados por los cambios.

Causas:
Los niños y jóvenes pueden sentir la presión externa que viene de la familia, la escuela, sus amigos, las noticias, o los retos y nuevas tendencias que aparecen en las redes sociales; pero también hay una presión interna que es la que surge en cada uno como persona; y esto se debe a que las metas no se están cumpliendo conforme a los modelos impuestos en la sociedad, y hay un desbalance entre lo que se está haciendo y lo que se está logrando. El solo hecho de no "encajar" en la sociedad es una fuente de estrés enorme para muchos niños.

Revisemos cuales pueden ser las causas que generan presión en nuestros hijos:

- Ser víctima de intimidación en la escuela.
- Estar expuesto a violencia o maltrato físico, emocional, sexual y/o mental.
- Participar de conflictos familiares (ver a papá y mamá discutir continuamente).
- Tener que tomar partido por uno u otro padre cuando ambos discuten.

- Por tristezas ocasionadas por un corazón quebrantado.
- Por fallecimiento de un ser querido.
- Por separación de los padres.
- Problemas en la escuela a causa de problemas de aprendizaje (ADHD, falta de atención).
- Por no poder descansar suficientemente.
- Por no comer o nutrirse bien.
- Por factores sociales como soledad o *bulling*.
- Cuando en el hogar hay problemas económicos y los niños continuamente ven a sus padres estresados por esto.
- Por trastornos de salud mental.
- Por altas exigencias o expectativas exageradas que los padres o familiares imponen sobre ellos.

Padres, hagámonos varias preguntas para reflexionar: ¿que están escuchando tus hijos en casa? El estrés y la ansiedad que ellos están padeciendo, puede ser que se esté generando desde tu propio hogar:

- ¿Ellos escuchan todas tus discusiones familiares?
- ¿Hablas con desasosiego del futuro?; ¿tienes temor de lo que pueda suceder con tu empleo, o con las finanzas del hogar?
- ¿Están preocupados por la salud de un familiar querido, o por su relación conyugal? Y hablan de esto constantemente enfrente de los chicos?

Los niños saben reconocer la ansiedad de los padres, y comenzaran a preocuparse por aquello que esté generando estrés en el hogar. Una presión cotidiana en casa, sumada a lo que ellos experimentan en la escuela, más las noticias desalentadoras que leen por Internet, será suficiente material para dejar un niño abrumado.

Señales o Síntomas:

Muchos creen que los niños por ser pequeños viven en un mundo feliz y que no se dan cuenta de nada de lo que sucediendo a su alrededor. No existe algo más fuera de la realidad que esta premisa. Los niños están sometidos a mucha presión y es nuestro deber como padres reconocer cualquier cambio en su conducta que pueda indicar que algo no está funcionando bien. Recuerda siempre observar la frecuencia y la duración de las siguientes señales de cambio en tus hijos:

- Posee muchos sentimientos de culpa.
- Tiene una ansiedad constante.
- Se ve triste y/o vacío.
- Presenta cambios notables en su peso; ya sea porque está comiendo mucho o ha dejado de comer.
- Duerme muy poco durante la noche o demasiado durante el día.
- Quiere estar solo todo el tiempo y/o se aísla continuamente.
- No disfruta de las cosas que antes solían hacerlo feliz.
- Ya no quiere pasar tiempo con la familia o con los amigos.
- Tienen falta de energía; o se sienten incapaces de hacer tareas simples.
- Presentan sentimientos de baja autoestima. Sienten que valen muy poco o no valen nada.
- Tienen problemas para enfocarse o tomar decisiones. Las calificaciones en la escuela bajan.
- No se preocupan por lo que pueda pasar en el futuro.
- Pensamientos frecuentes sobre la muerte o sobre el suicidio.
- No puede relacionarse con otros.
- Tienen agresividad o irritabilidad.
- Empiezan a experimentar con drogas, a fumar o a beber.
- Se descuidan en su apariencia personal.
- Les cuesta concentrarse.
- Tienen falta de interés en las actividades cotidianas.
- Expresan muy poco sus emociones.
- Presentan comportamiento inadecuado en las clases.
- Tienen ausencias continúas en el colegio.
- Son violentos o no tienen deseo de hacer nada.
- Se vuelven irritables o pesimistas.
- Les duele continuamente la cabeza o el estómago.
- Lucen aburridos todo el tiempo.
- Tienen pensamientos negativos, y lo expresan hablando de violencia o de cosas muy desagradables.

Cómo Reducir el Estrés en los Niños:

Los niños necesitan aprender técnicas o habilidades que les sirvan para superar el estrés que llega inesperadamente a sus vidas. Siempre será importante que ellos sientan que sus padres están interesados en lo que les sucede y puedan compartir tiempo cuando los necesiten.

Enseña a tu hijo desde pequeño a comunicarse contigo y hablen sobre las causas que puedan estar generándole ese estrés. Al tener un dialogo seguido pueden llegar a tomar soluciones a corto plazo que les ayuden a liberarse de la ansiedad diaria. Por ejemplo, reducir las actividades extra curriculares, salir hacer cosas que ellos disfruten, incrementar el ejercicio, o tomar clases de arte.

Si hay un cambio drástico en la conducta de tu hijo y él no quiere hablar contigo, busca un consejero espiritual o si es el caso habla con el pediatra para que te indique cuales son los pasos para buscar un especialista en salud mental.

Por favor, no dejes que una situación se convierta en una crisis. Actúa a tiempo.

- Tu niño necesita tener un encuentro personal con Dios y su Palabra y eso debe ser enseñado desde tu casa.
- Enséñale cada día tener una rutina donde lea continuamente la Palabra de Dios y que medite en ella.
- Es importante que los niños tengan una autoestima saludable por eso deben saber desde pequeños, quienes son en Cristo.
- Las relaciones sociales que tengan deben ser positivas con la familia, los compañeros de escuela, o la Iglesia. Si hay amistades que no son buenas o son tóxicas para sus hijos, hay que dejarlas.
- Debemos enseñarle a tener habilidades y capacidades para solucionar problemas y no encerrarse en ellos.
- Hay que buscar una persona cercana que lo sepa escuchar y que le interese lo que a él le esté pasando.
- Debes incrementar el tiempo de calidad con tu hijo; salgan juntos, pasen tiempo haciendo actividades recreativas, váyanse de viaje o practiquen un deporte juntos.
- Aumenta el contacto físico con tus hijos como besos, abrazos, y repítele varias veces al día cuanto los amas.
- Comparte con tu familia o amigos, gustos en común y hobbies.
- Come sano y balanceado.

Para poder ayudar a nuestros hijos debemos primeramente entender que nosotros mismos como padres debemos aprender a lidiar con las presiones internas y externas que traen desbalance emocional en nuestra vida. Los cambios en las rutinas diarias pueden aumentar el estrés familiar: un nuevo empleo, un traslado de ciudad, una mudanza y cambio de escuela, un nuevo bebé, puede ser demasiado para un padre fatigado y cansado.

Analice que puede estar sucediendo en su vida y empiece hacer cambios:

- Cambie las rutinas alimenticias y descanse. Recuerde que si tiene falta de sueño puede estar muy irritado.
- Haga ejercicio y si es posible salga con sus hijos cada tarde al parque o a caminar juntos 30 minutos.
- No lo haga todo solo. Si tiene familia cercana o amigos que estén dispuesto ayudarle, acepte esa ayuda, eso reduce bastante el estrés diario.
- Divida las tareas del hogar entre todos los integrantes de la casa para que todo el trabajo no recaiga solo en una persona.
- Coloque adoración o alabanza en su hogar mientras está cocinando o limpiando, se dará cuenta que el ambiente cambiara enormemente.
- Si hay un día de la semana que alguien pueda ayudar a cuidar a sus hijos, acepte esa ayuda. Los abuelos pueden tener un día de la semana, para compartir con sus nietos y así, tú puedes descansar.
- Invierta una hora diaria en leer la Biblia, orar y leer un buen libro cristiano. Eso despejara su mente.
- Trate de descansar por lo menos quince minutos cada día.
- Cambie el ambiente y aprenda hacer cosas inesperadas; por ejemplo salgan todos a comer helado a un parque cercano y a ver la naturaleza.
- Hable con alguien cercano y cuéntele cómo se siente.
- No se eche la culpa por no ser un buen padre. Si cometió un error pídale perdón a Dios, a sus hijos, perdónese a sí mismo y siga

adelante.
- Recuerde que las pruebas son momentáneas y temporales. Esto también va a pasar rápido.
- Es bueno hablar con otros padres y pedir consejos que puedan servirte para cambiar en ciertas áreas.
- Busque ayuda profesional, asista a talleres de padres, infórmese y lea al respecto. Hay muchos recursos que están disponibles para los padres en las escuelas de sus hijos.
- Tenga a mano una lista de personas a las que pueda llamar cuando sienta mucho estrés, para que le ayuden en ese momento y no vaya a lastimar a sus hijos. Si eso se ha vuelto un problema en su vida, es mejor que busque ayuda lo más pronto posible.

NOTAS

NOTAS

INSTRUYE A TUS HIJOS EN LA PALABRA, ¡NO LOS ABANDONES!

– Proverbios 22:6 ^{NTV} –
⁶Dirige a tus hijos por el camino correcto,
y cuando sean mayores, no lo abandonarán.

La palabra de Dios nos indica que la instrucción de los hijos debe comenzar desde la casa. La palabra hebrea para los padre es /horim/, y la palabra para maestro es /morin/, de la misma raíz, y ambas llevan el significado **"de ensenar e instruir"**.

Los padres somos los principales instructores y educadores de nuestros hijos.

– Deuteronomio 11:18-21 –
¹⁸Por tanto, pondréis estas mis palabras en vuestro corazón y en vuestra alma, y las ataréis como señal en vuestra mano, y serán por frontales entre vuestros ojos.
¹⁹Y las enseñaréis a vuestros hijos, hablando de ellas cuando te sientes en tu casa, cuando andes por el camino, cuando te acuestes, y cuando te levantes,
²⁰y las escribirás en los postes de tu casa, y en tus puertas;
²¹para que sean vuestros días, y los días de vuestros hijos, tan numerosos sobre la tierra que Jehová juró a vuestros padres que les había de dar, como los días de los cielos sobre la tierra.

La instrucción de nuestros hijos en la Palabra debe comenzar en la casa desde los años preescolares. Durante los primeros cinco años, los padres deben ver como se desarrolla la personalidad de sus hijos. En la adolescencia se desarrollará su sistema de valores y alrededor de los 20 años, comprenderá la ética del trabajo de la persona.

El crecimiento físico y la madurez de los niños emergen con el tiempo, pero el fundamento para la inclinación espiritual del niño debe ser establecido desde el principio. Los expertos indican que los niños aprenden los valores en la casa, conocimiento en la escuela y hábitos con sus amigos.

Físicamente Presente Peo Lejos de los Niños

Por desgracia hablar de abandono emocional nunca cae en saco roto, mucho más si en el fondo del debate se encuentra un niño. Cuando un niño sufre abandono emocional lo que realmente tiene es una falta inconmensurable de respuesta a las necesidades emocionales que puede generarle, en casos extremos, un gran déficit a nivel psicológico y, por extensión, a nivel de salud física.

¿Qué es el Abandono Infantil?

El diccionario de la Real Academia Española de la lengua define a*bandono*, como aquel acto que implica 'dejar, desamparar a alguien o algo'. En el momento en el que un niño sufre abandono emocional, **lo que experimenta es esa sensación de desamparo que los padres tratan de suplir cubriendo sus necesidades materiales**, en algunas ocasiones.

Abandono es la falta de atención a las necesidades básicas de un niño. Existen cuatro tipos.

1. **El abandono físico** es una supervisión inadecuada y/o poco segura del niño.
2. **El abandono médico** es negarle al niño la atención médica que necesite o un tratamiento médico que se le haya prescrito, el cual podría incluir nutrición, hidratación y medicación apropiadas.
3. **El abandono educativo** es el incumplimiento de las leyes del estado respecto a educación infantil obligatoria.
4. **El abandono emocional** es ignorar las necesidades del niño para poder tener un desarrollo social y emocional normal.

El Afecto es Vital Para el Desarrollo Emocional

En la etapa de crecimiento de un niño es importante que éste sienta que tiene unos padres que se preocupan por lo que ellos necesitan; lo que ocurre es que muchas veces los padres se centran tanto en proveer lo material que descuidan lo más importante: el área ESPIRITUAL Y EMOCIONAL de sus hijos. Recuerda que somos integrales: alma, cuerpo, espíritu

Existen algunas circunstancias que favorecen el origen de este problema, pues en muchas ocasiones el abandono emocional puede venir por ejemplo por la falta de tiempo de los padres. Los padres, en ocasiones, se ven obligados a trabajar en unos horarios que, irremediablemente, no les permiten atender a su hijo como les gustaría: la imposibilidad de fortificar los vínculos emocionales de una manera habitual lleva a veces a pensar que pueden ser dados por otras vías.

Sin embargo, el afecto es vital para el desarrollo emocional de un niño para que crezca de forma feliz y psicológicamente sano: según algunos especialistas debería recibir la suficiente seguridad y aprobación como para hacerlo sentir dentro de la familia la que pertenece. De lo contrario, el daño emocional que puede crearse en el niño puede ser irreversible

Consecuencias del Abandono Emocional en un Niño:

Las consecuencias que pueden derivarse del abandono emocional pueden, también, hacerse mayores en el caso de un niño. De hecho, la experiencia que puede sufrir provoca que el daño psicológico y afectivo que recibe marque, probablemente, de una manera negativa el resto de su vida. Vamos a ver algunas de estas posibles consecuencias a continuación:

- **Dificultades en la escuela:** este es el segundo hábitat en el que el niño crece, por lo que si su estado de ánimo no es el adecuado, tendrá muchas repercusiones negativas que afectaran sus actividades en la escuela, su estudio y las relaciones con otros niños.

- **Trastornos de alimentación:** si un niño se siente anímicamente mal influirá directamente en sus hábitos alimenticios.

- **Problemas de autoestima**: quizá este sea uno de los puntos más fuertes para tener en cuenta. Si bien es cierto que no siempre es así, la autoestima de un niño que sufre abandono emocional tiende a bajar progresivamente. Pudiendo exteriorizarse en términos de codependencia, violencia o, incluso, depresión.

- **Depresiones y ansiedad:** La falta de seguridad o confianza en sí mismo puede llevarle a sufrir depresiones y estados de ansiedad que le dificulten su vida diaria y las relaciones interpersonales que pueda llegar a tener.

- **Reflejo familiar negativo:** Muchas veces los padres que no se preocupan por la salud emocional de sus hijos es porque tampoco lo recibieron de sus padres.

Hay 7 acciones importantísimas que la Palabra de Dios nos indica sobre cómo educar nuestros hijos:

a- Instruye a tus hijos.
El padre cristiano es quien debe asumir el liderazgo de la instrucción de sus hijos. No hay que dejar esa función a los líderes de escuela dominical, pastores de jóvenes o de una escuela cristiana. A lo mejor tú piensas que no tienes tiempo porque estas muy ocupado, pero está en juego el futuro de nuestros hijos.

b- Enséñale a tus hijos como orar.
Los discípulos le dijeron a Jesús: "enséñanos a orar". Debemos inculcar a nuestros hijos la confianza en la oración. Deja que tus hijos te vean y escuchen orar en voz alta. Ora con ellos antes de acostarse, de consumir los alimentos, de ir a la escuela y enséñales hacerlo cada que necesiten enfrentarse a una situación difícil para ellos; así aprenderás a depender de Dios antes de tomar decisiones.

c- Trae siempre a tus hijos a la iglesia.
El Apóstol Pablo nos exhorta a esto: *Y no dejemos de congregarnos, como lo hacen algunos, sino animémonos unos a otros, sobre todo ahora que el día de su regreso se acerca. Hebreos 10:25* [NTV]
La escuela dominical y las actividades que se hacen en la iglesia son herramientas importantes para la formación del carácter cristiano en nuestros hijos.

d- Bendice a tus hijos con la Palabra.
La Biblia está repleta de mensajes y promesas de Dios dirigidos a cada

uno de nosotros. En concreto, podremos leer más de 3.000 promesas a lo largo de sus páginas. El objetivo de estas promesas bíblicas es descubrir el deseo que el Señor tiene de bendecir nuestra vida.

e- Ore por su crecimiento espiritual y su protección.

Como padres debemos orar mañana, tarde y noche por nuestras familias y nuestros hijos. Podemos orar por ejemplo: *"Padre protege a nuestra familia, guárdala del mal y del peligro; cúbrelos de cualquier accidente, caída, choque etc."*

Muchas veces como padres recibimos información de nuestros hijos que nos dejan preocupados, como síntomas enfermedades o deficiencias... En vez de preocuparnos debemos estudiar, averiguar y preguntar sobre esa deficiencia o enfermedad y con el diagnostico claro, orar específicamente sobre ese asunto.

f- Impone las manos sobre tus hijos y úngelos con aceite.

Jesús dijo: *"dejad que los niños venga a mi..."* Dentro de la cultura judía y los patriarcas bendecían a sus hijos imponiéndoles las manos.

1 Timoteo 4:14 No descuides el don que hay en ti, que te fue dado mediante profecía con la imposición de las manos del presbiterio.

2 Timoteo 1:6 Por lo cual te aconsejo que avives el fuego del don de Dios que está en ti por la imposición de mis manos.

Existen además los 10 mandamientos que los padres debemos cumplir, para los que tenemos hijos:

1 – Enséñales por Medio de la Palabra

– Deuteronomio 6:4-9 –

Oye, Israel: Jehová nuestro Dios, Jehová uno es.
⁵Y amarás a Jehová tu Dios de todo tu corazón, y de toda tu alma, y con todas tus fuerzas.⁶Y estas palabras que yo te mando hoy, estarán sobre tu corazón;⁷y las repetirás a tus hijos, y hablarás de ellas estando en tu casa, y andando por el camino, y al acostarte, y cuando te levantes.⁸Y las atarás como una señal en tu mano, y estarán como frontales entre tus ojos;⁹y las escribirás en los postes de tu casa, y en tus puertas.

2 – Dígales lo que es Bueno y Malo

– 1 Reyes 1:6 ^{NTV} –

"Ahora bien, su padre, el rey David, jamás lo había disciplinado, ni siquiera le preguntaba: «¿Por qué haces esto o aquello?». Adonías había nacido después de Absalón y era muy apuesto".

3 – Véanlos Como un Regalo de Dios

Salmos 127:3 ^{NTV}

"Los hijos son un regalo del Señor; son una recompensa de su parte".

4 – Guíalos Por Caminos Rector

– Proverbios 22:6 –

"Instruye al niño en su camino, y aun cuando fuere viejo no se apartará de él".

5 – Disciplínenlos

– Proverbios 29:17 ^{NTV} –

Disciplina a tus hijos, y te darán tranquilidad de espíritu y alegrarán tu corazón.

6 – Ámenlos Incondicionalmente

– Lucas 15:20 ^{NTV} –

"Entonces regresó a la casa de su padre, y cuando todavía estaba lejos, su padre lo vio llegar. Lleno de amor y de compasión, corrió hacia su hijo, lo abrazó y lo besó. ³²Teníamos que celebrar este día feliz. ¡Pues tu hermano estaba muerto y ha vuelto a la vida! ¡Estaba perdido y ahora ha sido encontrado!"».

7 – No los Provoques a Ira

– Efesios 6:4 ^{NTV} –

"Padres, no hagan enojar a sus hijos con la forma en que los tratan. Más bien, críenlos con la disciplina e instrucción que proviene del Señor".

8 – Gánese Su Respeto con Ejemplo

– 1 Timoteo 3:4 ᴺᵀⱽ –

Debe gobernar bien su casa y hacer que sus hijos le obedezcan con el debido respeto;

9 – Provea Para Todas Sus Necesidades

– 1 Timoteo 5:8 ᴺᵀⱽ –

Aquellos que se niegan a cuidar de sus familiares, especialmente los de su propia casa, han negado la fe verdadera y son peores que los incrédulos.

10 – Trasládele a Ellos la Fe que Usted Tiene

– 2 Timoteo 1:5 ᴺᵀⱽ –

Me acuerdo de tu fe sincera, pues tú tienes la misma fe de la que primero estuvieron llenas tu abuela Loida y tu madre, Eunice, y sé que esa fe sigue firme en ti.

NOTAS

MODELANDO EL AMOR DEL PADRE

"Imitando a Dios como Padre"

Hay muchas personas que en el transcurso de su vida no han tenido una buena relación de amistad y convivencia con su padre biológico. Crecen bajo prejuicios, complejos, inseguridades y secuelas de traumas por malas relaciones con sus padres o figuras de autoridad que los que los marcaron negativamente.

A raíz de estas heridas, se forma una barrera en la mente de la persona contra el Padre Celestial. Por lo tanto cuando oyen hablar de Dios como Padre; inmediatamente forman un grado de resistencia tal que levantan barreras que les impiden conocer la paternidad de Dios. Muchos dicen: *"Yo acepto a Jesucristo como mi salvador, pero por favor, no me hablen del Padre Celestial".* (Tomado del libro Recibiendo la unción Apostólica Paternal José y Lidia Zapico).

Todas estas ideas distorsionadas alejan al creyente de tener una relación cercana con el Padre Celestial y por ende también del propósito que Dios tiene para su vida.

Jesús: Modela la Relación Hijo y Padre

- Jesús le gustaba estar con el Padre.
- Jesús oía y recibía la dirección del Padre.
- Jesús amaba y respetaba al Padre.
- Jesús tenía continua intimidad con el Padre.
- Jesús creía y nunca dudo del poder del Padre.

Es tiempo de preguntarte........

- Tienes una relación así con tus hijos?
- Ellos añoran pasar tiempo contigo?
- Ellos te ven como un modelo a seguir?
- Ellos confían en ti?

– 2 Corintios 6:18 –

"Y seré para vosotros por Padre, y vosotros me seréis hijos e hijas, dice el Señor Todopoderoso".

Jesús tenía una relación profunda y personal con el Padre. La expresión /ABBA PADRE/ es una palabra hebreo, formada por los labios de los niños de pecho e implica **Confianza Total**. La expresión /Abba/ significa **padre querido;** es la expresión con la cual el niño se dirige a su papá. Todo hijo verdadero de Dios tiene revelación de papá, el padre querido y amado.

– Gálatas 4:6 –
"Y por cuanto sois hijos, Dios envió a vuestros corazones el Espíritu de su Hijo, el cual clama: ¡Abba, Padre!"

Características de Dios Como Padre:

1. **Padre cuidador y protector:** Dios Padre esta pendiente de ti en todo momento; Él sabe lo que estas haciendo; si estas triste y si necesitas algo.

– Mateo 6:8 –
"No os hagáis, pues, semejantes a ellos; porque vuestro Padre sabe de qué cosas tenéis necesidad, antes que vosotros le pidáis".

– Salmo 91:11 –
"Pues a sus ángeles mandará acerca de ti, que te guarden en todos tus caminos".

Si el Padre Celestial vela por sus hijos; igualmente nosotros como Padres debemos hacer lo mismo... ¿Sabes que necesitan tus hijos?, ¿Te das cuenta cuando el semblante de tus hijos cambia?; te has preguntado por qué?, ¿Conoces el motivo de la tristeza de tus hijos, o su preocupación? Si Dios como Padre es cuidador y protector, es tu responsabilidad como Padre no solo proveer económicamente el sustento del hogar, sino también entablar una relación cercana con tus hijos, pues son el tesoro que Dios puso en tus manos para cuidar aquí en la tierra.

Se ha demostrado científicamente que lo que mas desea un niño es saber que su papá, esta disponible para él. Es importante que tantas veces como sea necesario le hagas saber a tu hijo, que tu tienes tiempo para escucharlo, y que le puedes ayudar sin empezar a juzgar su comportamiento.

2.   **Padre que disciplina**: Dios es un Padre amoroso pero justo. Nos disciplina con amor y tiene reglas claras. El no es un Padre abusivo, cruel, ni hiriente.

– Proverbios 13:24 –
El que detiene el castigo, a su hijo aborrece; mas el que lo ama, desde temprano lo corrige".

– Proverbios 23: 13-14 –
"No rehúses corregir al muchacho; Porque si lo castigas con vara, no morirá. Lo castigarás con vara, y librarás su alma del Seol".

Los niños por naturaleza responden a instintos y se mueven por impulsos, por eso es importante como padres, ejercer la autoridad pues esta nos sirve para marcar normas por donde ellos se tienen que conducir. Muchos padres temen imponer autoridad por temor a que sus hijos los dejen de querer. Vemos niños tomando el control de sus padres, de sus casas y de todo lo que tiene que ver con su entorno.

- La autoridad tiene que ser constante para ganarse el respeto de los niños.
- Se claro y conciso cuando estés corrigiendo a tu hijo. No uses palabras hirientes y destructivas cuando les hables.
- Establece normas claras en la familia para que cada uno sepa que debe hacer.
- Los padres deben estar sincronizados en las decisiones y no desautorizarse uno frente al otro. Los hijos intentaran obtener lo que quieren con el padre más permisivo.
- Los niños siempre esperaran un momento de debilidad de tu parte para saltarse una norma, que tú mismo creaste. Sea consecuente, y manténganse firme en lo que impuso desde el principio. Es mejor que les digas que no podrán jugar con sus video juegos por el resto del día; a que le impongas un castigo de un mes completo sin jugar pues seguramente no lo cumplirás.
- Cuando le des una orden a tu hijo, llámalo por su nombre y míralo a la cara.

- Cuando el se porte bien, usa elogios específicos que demarquen lo bueno que el hizo. Por ejemplo: *"gracias por hacer tu tarea y quedarte tranquilo mientras yo hacia la cena".*

- Siempre ofrézcale opciones en lugar de darle solo órdenes. Por ejemplo: *"recuerda que hoy es día de limpieza. Vas arreglar tu cuarto ahora o después del almuerzo?"*

- No use preguntas sino afirmaciones; si le dices: *"tienes sueño?"* el te va a decir siempre que no. Debes hablarle enfáticamente: *"son las 10:00pm, es hora de ir a la cama".*

- Déjale saber a tu hijo que podrá hacer una cosa, si primero hace otra. Por ejemplo: *"Te llevo al parque para que juegues con tus amigos, si primero arreglas tu closet".*

- No se desgaste gritando. La autoridad no se consigue de esa forma. Pídele a Dios que desarrolle en ti, el auto control y no ceda a las presiones de los chicos. Tienes que intentar cumplir lo que dices.

- No tengas temor en castigar a tus hijos cuando se han portado mal o han quebrantado las reglas. Los niños tienen que aprender que siempre habrá consecuencias cuando han actuado de la manera incorrecta. Debes cumplir con lo que prometiste hacer desde el principio.

3. **Padre generoso:** Dios no es un Padre que le da a sus hijos todo lo que piden, porque Él sabe lo que les conviene y cuando es el momento oportuno para otorgárselo. El Padre primeramente mira nuestra fidelidad y madurez, dándonos con base a lo que podamos manejar.

– Mateo 25:21 –
Y su señor le dijo: Bien, buen siervo y fiel; sobre poco has sido fiel, sobre mucho te pondré; entra en el gozo de tu señor.

Dios Padre es generoso en amor y tiempo; Él se deleita con sus hijos. No es egoísta ni ego centrista; por el contrario, El siempre se preocupa por nuestro bienestar.

Una de las preguntas más frecuentes que los padres se hacen es: ¿cómo ser generoso con mi hijo sin llegar a mal criarlo? Revisemos las siguientes características en las que puedas identificar si tus hijos están recibiendo más de lo que necesitan y están en ese nivel:

- Si tu le compras algo a tu hijo, el no se asombra, ni le llama la atención. No hay ningún tipo de emoción en recibir lo que le compras o en llevarlo de viaje.
- Mal trata a las personas a su alrededor, les coloca sobre nombres, y se ríe de ellos. Esto demuestra que no tiene respeto por los demás y los ve de manera insignificante.
- Si tu niño es pequeño, hace pataletas y berrinches cuando no obtiene lo que necesita. Si es un poco más grande, desobedece, hace mala cara, y contestara groseramente a los padres, maestros y líderes.

Como ser un padre generoso responsablemente:

- No le des a tu hijo todo lo que te pide. Si el no lo necesita, no cedas a la tentación de comprárselo. Aunque sea duro para ti ver a tu hijo suplicar, el debe entender que por ahora no necesita aquello que él le está pidiendo.
- Busca un motivo para darle una recompensa. Si tu hijo te pide seguidamente muchas cosas, primero analiza si eso será perjudicial para él. Los chicos deben ganarse lo que tanto quieren.
- Enséñele ahorrar y a trabajar por lo que desea: Si cada que tu hijo abre su boca para pedirte algo, tú se lo das, lo estarás malcriando y no aprenderá el valor de las cosas. Cree un método que le ayude a obtener puntos y recompensas cada que él o ella obtengan un logro, ya sea en sus estudios o en su comportamiento.
- Cuando tu hijo te pida algo, no le contestes inmediatamente. Los niños de esta generación están acostumbrados a la inmediatez, y quieren que los padres respondamos instantáneamente si les vamos a dar lo que piden y cuando lo haremos. Dígale que lo pensara y primero lo hablara con su conyugue. No se deje manipular ni por el llanto ni por una pataleta.

3.   **Padre Fiel:** Dios Padre cumplirá su Palabra; lo que El promete, EL lo hará. Dios Padre nunca nos abandonara; porque para El no hay nada mas importante que sus hijos.

– Hebreos 13:5 –
"…porque él dijo: No te desampararé, ni te dejaré".

– Deuteronomio 31:8 –

"El Señor mismo marchará al frente de ti y estará contigo; nunca te dejará ni te abandonará. No temas ni te desanimes".

Dios es fiel y nunca nos abandonará. El Señor sabía que este atributo de su personalidad era necesario para afirmar en nosotros la identidad de hijos. No hay mayor secuela que puede dejar un padre en un hijo, que el abandono. El vacío emocional que se produce en los niños cuando uno de los padres abandona el hogar traerá tarde que temprano, depresión, ansiedad y un gran sentimiento de culpa en los menores.

Los vínculos de amor entre padres e hijos, proporcionaran adultos sanos emocionalmente, con autoestimas saludables, seguridad y confianza en los demás. Si un niño sufrió abandono de cualquier tipo, crecerá inseguro, temiendo que en cualquier momento las personas los abandonaran y cayendo en ciclos de celos; terminando y empezando relaciones sentimentales con personas que llenen esos vacíos emocionales. Cuando un niño fue abandonado en su infancia temprana o en la adolescencia, crecerá pensando que siempre será traicionado, y que no vale la pena como persona.

Padres, pensemos muy bien como estamos manejando nuestras relaciones conyugales antes de dejar una secuela irreparable en nuestros hijos.

4.   **Dios Padre sabe escuchar:** El Padre nos escucha y esta atento a lo que sus hijos le hablan. El no desprecia el momento en que nos disponemos a orar, pues sabe que es la oportunidad para hablar con nosotros en intimidad. Al Padre le interesa escuchar lo que tú quieres decirle.

– Salmo 116: 1 –

"Amo a Jehová, pues ha oído mi voz y mis súplicas; Porque ha inclinado a mí su oído; Por tanto, le invocaré en todos mis días".

– Salmo 18:6 –

En mi angustia invoqué a Jehová, y clamé a mi Dios. El oyó mi voz desde su templo, y mi clamor llegó delante de él, a sus oídos".

Como padres necesitamos reforzar la comunicación con nuestros hijos, y sobre todo necesitamos aprender a escuchar:

- Cuando tu hijo intente acercarse a ti para entablar un dialogo, pare un momento de hacer lo que está haciendo y mírelo a los ojos. Los niños necesitan saber que tu estas escuchándolo y estas disponible para él.

- Expresa interés por lo que el esta diciendo. No lo abrumes con preguntas. Aprende a quedarte callado y óyelo atentamente.

- Escuche su punto de vista; déjelo hablar y expresarse libremente antes de responderle.

- Evite hacer malos gestos cuando el esta hablando. Recuerda que la comunicación no es solo oral; hablamos con nuestros ojos y también con las expresiones de nuestro rostro y cuerpo.

- Evite discutir por puntos de vista diferentes. Dile que respetas su opinión, pero déjele saber cual es la suya y explíquele de manera que el entienda, porque no es correcto lo que el piensa.

- Sus hijos pueden estarlo poniendo a prueba contándole solo una pequeña parte de la historia, para conocer cuál será su reacción. Escúchelos detenidamente, muestre interés en lo que están diciéndole y no minimice la historia. Sea asertivo y se dará cuenta lo mucho que puede lograr.

NOTAS

EDUCANDO NIÑOS CON CONDUCTAS DESAFIANTES

Lidiar con conductas desafiantes de los niños se ha convertido en una preocupación nacional en todos los niveles. Infortunadamente es muy común ver en esta era tecnológica, videos que se vuelven virales, de niños golpeando a maestros o a personas mayores en las calles, o haciéndole *bulling* a los más indefensos.

Diversos estudios en el tema han demostrado, que algunos niños pueden mostrar conductas desafiantes constantes por la presión que están viviendo en sus hogares y la falta de educación y corrección que se haya establecido con ellos desde la primera infancia. Cuando existe estrés en el hogar; los padres están en proceso de separación o divorcio, ha llegado un nuevo miembro a la familia, uno de los padres ha perdido el empleo, el mal ejemplo de un padre que no sabe enfrentarse a situaciones de mucha presión y explota sin control delante de ellos; o por crecer en ambientes rudos y hostiles, hace que los niños reaccionen de la misma manera al ambiente que sus padres le están modelando desde su casa. Aunque la mayoría de los niños acaban por superar estas situaciones, normalmente ellos se benefician del respaldo y comprensión extra de un padre que rectifica y busca enseñar de la manera correcta. También existe la posibilidad que los niños muestren conductas desafiantes repetidas, cuando se frustran, y no poseen las habilidades para expresar sus emociones y sentimientos o están pasando trabajo para hacer amigos.

El temperamento es la forma en que una persona enfrenta y se relaciona en el mundo; e influye en el comportamiento y en la manera en que interactúa con los demás. El temperamento es determinado por la naturaleza (composición hereditaria o genética), por el área espiritual y la crianza (influencia del medio físico y social).

– Efesios 6:4 ^{BLPH} –

"Y ustedes, los padres, no hagan de sus hijos unos resentidos; edúquenlos, más bien, instrúyanlos y corríjanlos como lo haría el Señor."

El temperamento de tus hijos, puede ayudarte a identificar las fortalezas de tus niños; así como a determinar el tipo de apoyo que necesita el niño, con el fin de tener éxito en sus relaciones y en el medio en general.

Un comportamiento desafiante es cualquier comportamiento que interfiere con el aprendizaje de los niños, su desarrollo y éxito en el diario vivir. Es perjudicial para el niño, para sus amigos, para maestros y adulto, pues coloca a los niños en alto riesgo de tener en el futuro problemas sociales.

– Colosenses 3:21 BLPH –
"Por lo que toca a ustedes, padres, eduquen con tacto a sus hijos, para que no se desalienten."

Si una conducta desafiante no es tratado a tiempo, los niños continuarán haciéndolo, se multiplicaran en otros (siendo mal ejemplo), y esto lo conducirá a problemas de por vida; pues el niño nunca aprenderá a socializar, será rechazado por los demás, y tendrá problemas para relacionarse en ambientes como la Iglesia, la escuela, o más adelante cuando sea adulto y busque trabajo.

– Proverbios 29:15 NTV –
"Disciplinar a un niño produce sabiduría, pero un hijo sin disciplina avergüenza a su madre."

Como padre tu rol o papel es el de guiar y apoyar a los niños a medida que ellos desarrollen las habilidades para controlar sus sentimientos y emociones, tratar a los demás con respeto y amabilidad y cuidar de su entorno.

A continuación te daremos una seria de puntos que te ayudaran a mejorar esas conductas desafiantes con tus hijos:

1.   **Sea usted un modelo de conductas apropiadas:** construye una relación de confianza; tus hijos te ven como un ejemplo a seguir y están atentos a la forma en que interactúas con otras personas.

2.   **Reconozca los logros de cada uno de tus hijos por separado y felicítalos por sus buenas conductas.**

3. **Ofrézcale oportunidades para el éxito:** Los niños empiezan a entender que se están portando bien, cuando realizan tareas simples que reciben tu aprobación como padre. Recuerda el elogio debe se conforme a la tarea que el hizo y la conducta que realizo.

4. **Establezca rutinas:** Las rutinas hace que los niños empiecen a regular y organizar su propio comportamiento. Colóquele horas para cada actividad y déjeselas saber. Haga que ellos le repitan para que te des cuenta que les quedo claro.

5. **Elógielos, refuerza o estimula el sentido de independencia de los niños:** Los niños necesitan participar de rutinas y recibir múltiples oportunidades para realizar tareas de manera independiente.

6. **Este atento a patrones de comportamiento:** Observa y toma nota de las conductas desafiantes de tus hijos y busca patrones que arrojen las causas que pudiesen dar lugar a estos comportamientos.

7. **Crea y haga cumplir reglas simples y claras, como estas:**

   - Use la palabra NO en situaciones extremas.

   - Involucre a los niños en la creación de las reglas: El hecho de participar en el proceso de establecer las reglas motiva a los niños a cumplirlas.

   - Comienza con algunas reglas: no bombardee a los niños con tantas normas. Y una vez que los niños interioricen 3 o 4 reglas, introduzca más.

   - Explíqueles el porque de la regla: Algunos niños ya entienden la relación causa- efecto; por ejemplo: *"si yo corro en el templo puedo hacer caer o herir a otro niño"*. Y así ellos entenderán la razón por la cual se les prohíbe correr.

   - Aplique las reglas constantemente. Sea perseverante y no las incumplas tú mismo. Los niños te observan y saben cuándo solo hablas por hablar.

   - Recuérdales a los niños las reglas adecuadamente: Cuando el niño no obedezca una regla, converse con ellos (en tono imparcial), sobre las consecuencias y como la situación hubiera sido mejor si hubiera seguido la regla.

- Felicite y a los niños cuando sigan las reglas adecuadamente.

– Proverbios 3:11-12 –

"Hijo mío, no rechaces la disciplina del Señor ni te enojes cuando te corrige. ¹²Pues el Señor corrige a los que ama, tal como un padre corrige al hijo que es su deleite"

8.   Trate las conductas desafiantes de manera positiva. *"Corrige a tu hijo, y te dará descanso, y dará alegría a tu alma." Proverbios 29:17* [BLA]

Los términos de orientación positiva, disciplina y castigó se relacionan todos con prevención y el tratamiento de las conductas desafiantes de los niños.

LA DISCIPLINA: es una formación que corrige, moldea o perfecciona. Es asociada con el castigo.

CASTIGO: es una penalidad por violación de reglas; sin embargo el castigó raramente corrige la conducta de los niños, porque el niño queda frustrado y en muchas ocasiones enojado.

ORIENTACION POSITIVA: es el mejor enfoque en su apoyo a los niños y los ayuda a mantener el control de sus comportamientos y emociones. Y se centra en inculcar el deseo en los niños de portarse bien, al hacer lo siguiente:

- **Desarrollar confianza entre padre e hijo:** Se explican las claramente las expectativas para el comportamiento de los niños. Las cualidades positivas de los niños y creen en los niños para tomar buenas decisiones.

- **Desarrollar habilidades sociales en los niños.**

- **Enseñar a los niños habilidades de solución de problemas:** La orientación enseña a los niños a resolver sus problemas, mas que castigarlos por tener problemas que no pueden resolver

- **Desarrollar la autorregulación mediante la constancia:** Los niños aprenden a controlar sus emociones cuando usted le ofrece seguridad mediante la compresión de las reglas y limites claros.

Técnicas Para Corregir Conductas Desafiantes:

– Proverbios 13:24 NTV –
"Quienes no emplean la vara de disciplina odian a sus hijos. Los que en verdad aman a sus hijos se preocupan lo suficiente para disciplinarlos".

a. **Determine el origen de la conducta desafiante:** Averigüe la causa oculta de esta conducta, y vaya a la raíz del problema. Porque el esta tan ofuscado, hable con el y busque conocer el motivo de su enfado. Cuando él se lo exprese, o tú le identifiques, entonces ahí si corrígelo.

b. **Brinde al niño opciones apropiadas para el desarrollo:** Faculte a los niños para que hagan buenas elecciones al ofrecerles alternativas aceptables y adecuadas. Él debe aprender desde pequeño que toda mala acción tiene una consecuencia. No pase por alto la queja de los maestros o líderes. Si la queja es reiterativa, coloque toda su disposición por participar en la corrección de las malas conductas de sus hijos y no desautorice otras figuras de autoridad que estén tratando de corregirlo.

c. **Utilice consecuencias naturales cuando sea apropiado.**

   o **Orienta a los niños y ayúdelos a resolver conflictos de manera independiente:** Ayude al niño a encontrar una solución. Las soluciones deben se aceptables. Ellos mismos deben darse cuenta que están actuando mal. Enséñales asumir su responsabilidad y a no justificar su mala crianza.

   o **Céntrese en la parte positiva.** Cada niño tiene valores y capacidades que lo diferencian de los demás. Dese cuenta de sus dones naturales y espirituales y ayúdelos a incrementarlos. Que ellos se sientan que son más las cosas buenas que tienen que las negativas.

- o **Reconozca a los niños individualmente frente al grupo familiar:** Brinde una oportunidad para que el niño brille, esto refuerza las conductas positivas y le reafirma al niño que usted se preocupa por ellos y que ellos importan. Por ejemplo, si tu hijo se esforzó y por fin saco buenas notas, elógielo delante de toda la familia, denle un aplauso y llévenlo a comer su comida favorita. Esto creara una recompensa y él se dará cuenta que cuando hace las cosas bien, su familia es feliz y todos se alegran.

- o **Ayude al niño hacer lo correcto.** Corrija inmediatamente a solas a su hijo cuando hace algo malo. No se quede solo observando la mala situación sin hacer nada. Puede que ya estés cansado de lo mismo y se te haya vuelto familiar; pero esto no quiere decir que su comportamiento es el correcto. Váyase a un lugar a solas y hable con él. Recuérdele la norma que infringió y anúnciele la corrección que se viene por infringir esa norma.

Y a continuación una forma práctica que mejorara la eficacia de cualquier estrategia:

- Pase tiempo con sus hijos.
- Mantenga el control. El té observa y mira cada una de tus reacciones y lo que dices.
- Apoye al niño en su totalidad pero corríjalo cuantas veces sea necesario.
- Hable con el niño en privado, no lo abochorne delante de los demás
- Cree en tus hijos.

– Proverbios 22:6 –
"Instruye al niño en el buen camino, y aun cuando envejezca no se apartará de él."

– Hebreos 12:10-11 –
"Ciertamente, ningún castigo es agradable en el momento de recibirlo, sino que duele; pero si uno aprende la lección, el resultado es una vida de paz y rectitud."

EL ROL DE LA FAMILIA CRISTIANA EN LA SOCIEDAD

La palabra rol significa la función que una persona desempeña en un lugar o una situación determinada. Toda persona tiene un rol determinado como parte de una familia: el padre, la madre y los hijos todos son responsables de ejercerlos.

Pero tenemos que saber también que cada rol desempeñado, tiene una característica determinada.

El gran problema de la sociedad actual es que muchas personas no están cumpliendo sus roles en la familia, ni sus responsabilidades. El mundo da un mal ejemplo, contrario totalmente a las normas o demandas de Dios.

Los amigos mundanos no pueden ser tu modelo, ni los compañeros de trabajo.

Hoy en día muchos hijos son abandonados por sus padres, no solo porque hay divorcios; sino porque por la necesidad, muchos padres consideran viajar por largas temporadas al extranjero, desintegrando así la familia. Veamos un ejemplo en la Biblia:

1.- El Rol del Padre

Jacob no tuvo buen ejemplo de su suegro Labán, él era engañador y oportunista. Sin embargo Jacob decidió cambiar y su primera decisión fue responsabilizarse por su familia.

Muchas veces tendrás que levantarte como un buen líder en tu casa aunque no hayas tenido buenos ejemplos en tu familia.

Jacob nos enseña por medio de su ejemplo, cómo mantener la familia unida pase lo que pase. Recordemos que Jacob vivió fuera de su tierra, en la casa de su suegro Labán, por 20 años. Cuando el decidió regresar al lugar donde Dios lo estaba dirigiendo, no se fue solo, el partió con toda su familia. Jacob consultó con su esposa y decidieron que ya era hora de independizarse. Él tomó toda su familia más los sirvientes, las ovejas y sus cabras y decidió emprender una nueva etapa haciéndose responsable por mantener la familia unida yendo al lugar que fueran.

– Génesis 31:6-7 –
⁶ Vosotras sabéis que con todas mis fuerzas he servido a vuestro padre; ⁷ y vuestro padre me ha engañado, y me ha cambiado el salario diez veces; pero Dios no le ha permitido que me hiciese mal.

A veces hay que tomar decisiones importantes y hacerlo en el momento correcto y no dilatar el tiempo oportuno. La seguridad en uno mismo proviene de un carácter firme y estable; esto se obtiene al leer diariamente la palabra de Dios y creer en los planes divinos para nuestra vida.

La palabra nos muestra cuatro principios básicos para que cada padre conozca y pueda aplicarlos a su vida:

El padre es proveedor, por lo tanto trabaja y se esfuerza para que no le falte nada a su familia.

El padre es líder y sacerdote, por eso tiene la responsabilidad de guiar moralmente y espiritualmente a su familia. Dentro de ese guiar esta también cuidar y asegurar que su esposa e hijos se encuentren bien.

El padre es el que protege a su familia: El cultiva el amor de su esposa para que nadie le robe el corazón. Vigila los celulares de sus hijos para que las malas compañías no lo afecten.

El padre tiene la responsabilidad de gobernar bien su casa.

– Efesios 6:4 –
Y vosotros, padres, no provoquéis a ira a vuestros hijos, sino criadlos en disciplina y amonestación del Señor.

2.- El Rol de la Esposa

– Efesios 5:22,24, 33 –

"Las casadas estén sujetas a sus propios maridos, como al Señor... Así que, como la iglesia está sujeta a Cristo, así también las casadas lo estén a sus maridos en todo. Y la mujer respete a su marido"

Que significa la palabra sujeta?
- Estar en sujeción por amor, como la iglesia está a Cristo.
- Obedecer.

El rol de la mujer en primer lugar es el de respetar y darle al hombre la oportunidad de gobernar la casa, respetándolo y honrándolo. Ella debe considerarlo como el responsable espiritual de las sabias decisiones que se toman en casa. Si la mujer llega a ser humilde y se preocupa por sus hijos, la Biblia dice en Proverbios 31:28 *"Se levantan sus hijos y la llaman bienaventurada, y su marido también la alaba"*.

3.- El Rol de Madre

Ser madre, es un rol muy importante que el Señor elije darle a muchas mujeres. A las madres se les pide que amen a sus hijos.

– Tito 2:4-5 –

"que enseñen a las mujeres jóvenes a amar a sus maridos y a sus hijos, a ser prudentes, castas, cuidadosas de casa, buenas, sujetas a sus maridos, para que la Palabra de Dios no sea blasfemada".

La Biblia pide que se sean madres amorosas como una responsabilidad. Ambos, tanto al padre como a la madre, la Palabra de Dios les pide varias cosas:

a. Disponibilidad: mañana, tarde y noche:

– Deuteronomio 6:6-7 –

"Y estas palabras que yo te mando hoy, estarán sobre tu corazón, y las repetirás a tus hijos y hablarás de ellas estando en tu casa, y andando por el camino y al acostarte y cuando te levantes".

2. Involucramiento: interactuar, discutir, pensar y procesar la vida junta:

– Efesios 6:4 –
"Y vosotros padres, no provoquéis a ira a vuestros hijos, sino criadlos en disciplina y amonestación del Señor".

c. Enseñar la Palabra de Dios:

– Salmos 78: 5-6 –
"Dios puso ley en Israel, la cual mandó a nuestros padres que la notificasen a sus hijos para que lo sepa la generación venidera, y los hijos que nacerán y los que se levantarán lo cuenten a sus hijos…"
Deuteronomio 4:10 "Recuerda el día que estuviste delante del Señor tu Dios, cuando Él me dijo: Reúne al pueblo para que yo les haga oír mis palabras las cuales aprenderán, para temerme todos los días que vivieren sobre la tierra, y las enseñarán a sus hijos".

d. Entrenamiento: ayudar al hijo a desarrollar habilidades y descubrir sus fortalezas:

– Proverbios 22:6 –
"instruye al niño en su camino y aun cuando fuere viejo no se apartará de él".

e. Disciplina: enseñarle el temor al Señor, marcando la línea con consistencia, amor y firmeza.

– Efesios 6:4 –
Y vosotros, padres, no provoquéis a ira a vuestros hijos, sino criadlos en disciplina y amonestación del Señor.

Ver también Hebreos 12:5-11.

f. Crianza: proveyéndole un ambiente de constante apoyo verbal, libertad aceptación y amor incondicional. Los hijos son un regalo de Dios.

– Salmo 127:3-5 –
"He aquí herencia del Señor son los hijos, Cosa de estima el fruto del vientre Como saetas en la mano del valiente Así son los hijos habidos en la juventud. Bienaventurado el hombre que llenó su aljaba de ellos. No será avergonzado cuando hable con los enemigos en la puerta".

Tanto la disciplina como el cuidado debe de ser de ambos padres para que crezcan sin complejos y sin inseguridad. De ambos es la responsabilidad.

NOTAS

RESTAURANDO UN HOGAR HERIDO

Muchos matrimonios se sienten cansados de su relación porque esperan ver cambios en sus parejas y pasa el tiempo y esto no sucede. Entonces entra el conflicto matrimonial al hogar y la frustración al ver que el otro no está comprometido en sacar adelante la relación. El problema es que estas relaciones dañadas por el maltrato y las ofensas verbales son observadas por los hijos y esta es la razón por la que existen familias heridas que están sangrando por dentro.

Debemos creer que Dios quiere restaurar años de frustración y resentimiento que está oculto dentro del corazón de las familias. Si has perdido la esperanza de ver cambios en tu matrimonio y por ende, en la relación con tus hijos, tenemos una buena noticia: Dios está muy interesado en hacer algo nuevo en tu hogar y que juntos como familia puedan reencontrarse en el amor y el perdón de Dios.

El que diseño el matrimonio desde la eternidad, es el Único que tiene la llave para abrir la puerta a la segunda oportunidad por medio de la reconciliación. Si el matrimonio se restaura, la paz volverá al hogar y los hijos recibirán las bendiciones de vivir en un hogar donde Cristo y la Palabra de Dios sean el centro.

– 2 Crónicas 16:9 –
"El Señor recorre con su mirada la tierra, y está listo para ayudar a quienes son fieles con El."

El enojo, la crítica constante, la queja o el reclamo jamás traerán una solución al problema, sino que por el contrario lo complicaran. La ofensa y la falta de perdón (guardar el enojo, odio o resentimiento) son enemigos que corroen y destruyen las familias en lo más profundo.

Lo que deben hacer es actuar como Dios les enseña en su Palabra, pues está siempre será opuesta a la manera como el mundo y sus deleites arreglan las cosas.

Por ejemplo, a una mala actitud de uno de los miembros de la familia, se responderá con una actitud bondadosa y comprensiva. Si tu conyugue o uno de tus hijos, está fallando en una debilidad, hay que dejárselo saber con suavidad, amor y sin reproche. En este capítulo hablaremos acerca de cómo perdonarnos diariamente en el seno de nuestra familia y renunciaremos a la falta de perdón que trae resentimiento y amargura.

1.- Cree que Dios es Poderoso Para Cambiar las Peleas en el Hogar

Sea la situación que sea, peleas, contiendas, enojos, engaño (de cualquier tipo), mentiras reiterativas, resentimiento, frialdad, dolor por palabras grotescas e hirientes, abuso emocional, etc. debes creer con todo tu corazón que el Único que puede cambiar esa situación es Dios.

Lo primero que debes hacer es colocar tu esperanza en Dios y renovar tu fe en la certeza de que tú hogar sera restaurado por completo. Si Dios lo dijo, Él lo hará.

– Marcos 9:23 –
Jesús le dijo: Si puedes creer, al que cree todo le es posible.

– Salmo 27:14 NTV *–*
Espera con paciencia al SEÑOR; sé valiente y esforzado; sí, espera
al SEÑOR con paciencia.

2.- Debes Perdonar a Tu Pareja y a Tus Hijos Cuantas Veces Sea Necesario

Las familias muchas veces se encontrarán caminando por la senda de la ofensa y la falta de perdón. Hablar de perdonar puede ser fácil pero ponerlo en práctica día a día dentro del hogar, puede ser complicado para muchos.

El perdón no es un sentimiento, hace parte de tu voluntad. Tú decides perdonar gratuitamente a quien te lastimo o te hizo daño, sin desear vengarte, sin recordarle su ofensa una y otra vez, y olvidando ese evento sin que te cause dolor; pero eso no lo podrás lograr por ti mismo. Necesitaras definitivamente la intervención de Dios en este proceso.

– Mateo 6:14-15 –

[14] *Porque si perdonáis a los hombres sus ofensas, os perdonará también a vosotros vuestro Padre celestial;* [15] *más si no perdonáis a los hombres sus ofensas, tampoco vuestro Padre os perdonará vuestras ofensas.*

El perdón hace parte de un mandato de Dios. Él nos perdonó primero, y así como Él nos perdona a diario las ofensas que cometemos contra El, así mismo nos demanda que nosotros perdonemos a los que nos ofenden. A medida que perdonamos a nuestro conyugue o a nuestros hijos, nosotros también seremos perdonados. Si guardamos las ofensas en el corazón, en algún momento heriremos y dañaremos a quien más amamos: nuestra familia.

– Marcos 11:25 –

Y cuando estéis orando, perdonad, si tenéis algo contra alguno, para que también vuestro Padre que está en los cielos os perdone a vosotros vuestras ofensas

3.- ¿Qué Produce la Falta de Perdón en el Seno de una Familia?

Es importante que entiendas que la falta de perdón, producirá enojo constante, amargura, resentimiento y fricciones diarias dentro del hogar. Cuando hay falta de perdón en el hogar, hay que tener cuidado en no involucrar a otras personas, en la ofensa recibida (como tíos, abuelos, y demás familiares).

Muchas veces al buscar desahogarse, se habla del problema con familiares y amigos (que en vez de ayudarte a ver las cosas desde la perspectiva de Dios), querrán ponerse solo a tu favor, empeorando aun la situación.

– Proverbios 17:9 –

El que cubre la falta busca amistad; Mas el que la divulga, aparta al amigo.

Preguntas frecuentes acerca de este tema:

Si mi conyugue o mi hijo, no me pide perdón primero, ¿yo lo debo perdonar?
Si, el perdón es una decisión personal. No depende si el otro ya lo hizo, o no. Cuando tú perdonas al otro, lo liberas y dejas la situación en las manos de Dios.

¿Que pasa sino siento que deba pedir perdonar a mi hijo, pues es grosero o desobediente, y siempre me hace lo mismo?
El perdón no es un sentimiento, no se trata de si lo sientes o no. El perdón es una decisión de tu corazón. Decides perdonar así como decides amar.

¿Y como debo pedirle perdón a mi pareja?
Con mucha sinceridad pues sino será como si le estuvieras restando importancia al asunto.

Nunca uses frases como: *"si en algo te ofendí, perdóname"* o *"no nos acordemos más de lo que sucedió"*, *"yo hice mal pero tú también hiciste mal"*. Cuando le dices esto, pareciera que no estuvieras convencido del todo que cometiste un error.

La forma correcta de pedir perdón es cuando damos detalles específicos acerca del error que cometimos con el otro, y así no damos lugar a la duda usando frases como: *"tal vez, de repente, a lo mejor, quizás"*

Cuando reconoces el error de una forma detallada, tu pareja sentirá que estas reconociendo la falta y que por ende, tienes un deseo genuino de cambiar.

Se puede pedir perdón de esta forma: *"Te pido perdón porque he tenido una mala actitud contigo, y he sido egoísta pues no te tomado en cuenta últimamente".*

Si tus hijos ven que tú le pides perdón a tu conyugue o a ellos mismos, ellos aprenderán desde pequeños a pedir perdón cuando han fallado.

Me enojo una y otra vez por las mismas cosas... ¿como lo controlo?

Hazte una pregunta... *¿vale la pena pelear por eso y dañar el ambiente del hogar con tu enojo?* Muchas veces lo más importante es dejar pasar la ofensa y seguir adelante. En vez de responder enojándote más, gritando, decide en tu corazón pasarlo por alto y seguir adelante.

– Proverbios 17:14 –
"El que comienza la discordia es como quien suelta las aguas; Deja, pues, la contienda, antes que se enrede."

Pasar por alto la ofensa no significa guardarlo en tu corazón para usarlo como un arma en el futuro. Pasar por alto una ofensa significa, extender gracia sobre el otro, y perdonar completamente. Dejando ir esa situación y llevándola al olvido.

¿Es justo perdonar al otro cuando es mi conyugue quien siempre me lastima?

No es fácil perdonar al otro, pero Dios te dará la gracia para hacerlo. Piensa en esto... *¿si Dios es misericordioso contigo todos los días y te perdona a diario no pudieras así mismo tu extender misericordia hacia tu pareja?*

Estoy tan enojado con mi conyugue que hasta me cuesta orar y escuchar la voz de Dios!

Esto es verdad. Estar enojado con tu esposo (a) te imposibilita estar en paz con Dios y poder oír su voz:

– Efesios 4:26-27 –
Airaos, pero no pequéis; no se ponga el sol sobre vuestro enojo, [7] *ni deis lugar al diablo.*

La falta de perdón te separa de Dios:

– Mateo 6: 14 –
"Porque si perdonáis a los hombres sus ofensas, os perdonará también a vosotros vuestro Padre celestial"

Tratar mal a tú conyugue y no perdonarlo puede estorbar tus oraciones ante Dios:

– 1 Pedro 3:7 –

"De la misma manera, ustedes maridos, tienen que honrar a sus esposas. Cada uno viva con su esposa y trátela con entendimiento. Ella podrá ser más débil, pero participa por igual del regalo de la nueva vida que Dios les ha dado. Trátenla como es debido, para que nada estorbe las oraciones de ustedes".

Si no perdonamos estamos siendo orgullosos:

– Salmo 138:6 –

"Porque Jehová es excelso, y atiende al humilde, Mas al altivo mira de lejos".

1.- Pida Perdón a Dios por Pensar en Abandonar Su Relación y Sus Hijos

Muchas veces cuando hay tantos conflictos y problemas reiterativos en el matrimonio y pareciera que no hay más solución; se piensa que el divorcio es la salida correcta al problema, pero desde el punto de vista bíblico no lo es.

– Mateo 19:6 –

"Así que no son ya más dos, sino una sola carne; por tanto, lo que Dios juntó, no lo separe el hombre";

El equiparo la unidad del matrimonio al pacto de Cristo y la Iglesia, que es indisoluble. Cuando estas enojado y completamente frustrado podrás decir palabras hirientes que herirán el corazón de tu pareja y de tus hijos; más aún si le dices que quieres divorciarte y amenazas con hacerlo, delante de los niños.

– Proverbios 6:2 –

Te has enlazado con las palabras de tu boca, y has quedado preso en los dichos de tus labios.

Hay que arrepentirse delante de Dios por toda palabra necia que haya salido de tu boca, para que esas amenazas que fueron lanzadas al aire no retornen con poder para destruirte.

– Mateo 12:36 NTV –

es digo lo siguiente: el día del juicio, tendrán que dar cuenta de toda palabra inútil que hayan dicho.

Así como Jesús no rompe su pacto contigo porque El y la Iglesia son uno; así mismo tú debes ver tu matrimonio como Cristo ve a la Iglesia, como uno solo.

2.- Empieza a Orar Por Tu Conyugue y Por Tus Hijos, Para Verlos Como Dios los Ve.

Empieza a orar por tu familia declarando la Palabra de Dios sobre ellos y perdonando una y otra vez toda ofensa guardada en el corazón. También hay que perdonar a todas las personas que han estado involucrados en ese conflicto (parientes, amigos, compañeros de trabajo y aun si hay un tercero en la relación). A medida que oras por tu conyugue, y tus hijos, y los bendices; el amor de Dios se ira acrecentando más y más en tu corazón.

3.- Lleva a la Cruz el Dolor

Lleva las heridas a la cruz y cámbialas por el amor y la misericordia de Cristo. Deja en el pasado ese dolor y no traigas a memoria más lo que sucedió. Permite beneficiarte de lo que Cristo hizo por ti en la cruz. Que su infinito amor y su Sangre preciosa te limpien de todo dolor y sanen tus heridas. Ríndete por completo a Él.

NOTAS

www.ingramcontent.com/pod-product-compliance
Lightning Source LLC
LaVergne TN
LVHW081349060426
835508LV00017B/1487